ANNELIESE VAN BELLEN

***

Gedankenschweben

Gedichte die das Leben schreibt

© 2020 Anneliese van Bellen

Verlag und Druck: tredition GmbH, Halenreie 40-44, 22359 Hamburg

ISBN
Paperback: 978-3-7497-6984-1
Hardcover: 978-3-7497-8076-1

Nur wer Leid erträgt
wird Glück erfahren

Friedrich Hölderlin

Zu diesem Buch:

Die Autorin Anneliese van Bellen kämpft hier in lyrischer Gedichtform und aller Offenheit gegen das Dasein, Nahsein und Nichtsein. Schreibt über Selbstaufgabe, versklavter Liebe und die Sturheiten des Lebens.

Die hier ausgewählten Gedichte, sind Erzählgedichte, die das Leben schreibt.
Sind Beobachtungen und Gedanken, die sich von der Natur beflügeln lassen und sich mit ihr stimmungsvoll vereinen.

Gedankenschweben

Lass sie laufen die Gedanken
Ohne Ziel und ohne Zeit
Lass sie blühen lass sie ranken
Ohne Zank und ohne Streit.

Lass sie reisen ohne Störung
Ohne Hast und Stolperstein
Lass sie unbeschwert und heiter
Heute einmal ganz allein.

Auch – wenn sie im Trüben fischen
Dein Gemüt ganz schön belasten
Wenn sie beharrlich dann versuchen
Dir das Gestern anzulasten.

Lass sie heute das nicht spüren
Lass sie einfach einmal los
Bleibe stehn - um zu verweilen
Mach die Zeit bedeutungslos.
Versuche nicht mit Hast zu quälen
Heute ist ein schöner Tag
Lass sie lieben lass sie leiden
Ob es nun falsch ob richtig war.

Störe nicht – wenn sie mal weinen
Denn auch Tränen sind gesund
So ein Tag hat viele Seiten
Und jede Stunde – ihren Grund.
Und, wenn sich das Licht zurückgezogen
Du müd in deinem Bette liegst
Dann magst du deinen Tag befragen
Und hoffen – dass er Antwort gibt
Dann lasse dich von Träumen wiegen
Und reise ohne Sklaverei
Für heute blieb mal alles liegen
Ein Tag – voller Zufriedenheit.

Seit du mich liebst

Seit du mich liebst -
Gibt es so vieles wieder
Seit du mich liebst
Geh ich geradeaus und finde Ruh
DENN - seit du mich liebst
Da flammt es wieder da -
Fühl ich mich geborgen und zu haus.

WEIL - seit ich dich liebe da kann ich wieder lachen
Da lieb ich meinen Nachbarn und mich auch
WEIL - seit ich dich liebe bin ich so schön geworden
Mein Spiegel liebt mich rundherum und -
Sagt zu allem Ja - genau wie du.

Wintereinbruch

Winter – du herrliche weiße Pracht
Kamst wie die Liebe fast über Nacht
Hast viele Gaben uns beschert
Deckst manches zu was sonst gekehrt.
Bringst frische Luft – lässt Erde schlafen
Hast Großstadtmüll unter dir begraben
Und Kinderlachen von Fern erklingt
Das Fröhlichste was uns dein Kommen bringt.
Weiches Licht aus den Fenstern schaut
Besinnlichkeit hat sich da aufgebaut
Und so wie die Flocken vom Himmel wehn die
Menschen hier ihrer Wege gehen.
Sie kämpfen - verlangen nach Reichtum und Gut, sie
treiben im Strome und – machen sich Mut.
Streben nach Macht und Persönlichkeit
Kaum einer bemerkt die Vergänglichkeit.
Drum bring uns du Winter –
Ein bisschen mehr Ruh
Ein bisschen mehr Zweisamkeit
Komm! setz dich dazu.

Was für ein Mann

Das Erste Mal als ich dich sah hab` ich gedacht -
Was für ein Mann!
Ich habe blaue Augen hast du gesagt schau ruhig
Hinein sie tun dir nichts sind nicht aus Leim und
Lassen wieder los.
Seitdem ist alles blau um mich herum ist alles leicht
mit deinen blauen Augen.
Sie schweben lachen tanzen sind überall - alles nur
blau - da denkt man fast, so viel Glück auf einmal das
hat man einfach nicht verdient.
Ein vierundzwanzigstundentag mit warmen Füßen im
Bett und - kein böses Wort hinterher das macht doch
richtig Angst!
So vollständig und faul war ich lange nicht.
Hoffentlich kommt da nicht etwas über dich - nicht
Irgendwann - was noch bequemer ist.

Die Rose

Die Rose zu der Distel spricht:
Ich bin sehr schön – dich mag man nicht!
Die Distel lächelt schlau hinüber
Schöner ja aber nicht klüger!

Die Distel sagt:
Mich lässt man leben auch –
Wenn meine Blätter blühen
Du wirst schnell alt und kurz geschnitten
Bei dir liebt man doch nur die Blüten!

Die Rose meint:
Du bist nur neidisch!
Bei mir bleiben die Menschen stehn
Du wirst zertreten und – missachtet
Wer will schon eine Distel sehn!
Da kommt ein Windstoß ziemlich heftig
Und beutelt beide hin und her
Die Distel lacht und findets heiter
Die Rose hat kein Röschen mehr.

Ich trau

Ich trau mich schon
Dich zu lieben
Denn feige war ich noch nie

Nur...ich kann so schlecht verlieren.

Wenn

Wenn wir zwei uns lieben
Passt kein Blatt Papier dazwischen
Passt kein Gedankenstrich hinein
Da ist die Welt uns so was von egal.

Mein Schmerz

Mein Schmerz ist lästig übermächtig
Pocht und klopft in mich hinein
  Mein Schmerz lässt sich nicht unterkriegen
ist immer da bin nie allein.
  Mein Schmerz ist trotzig voller Schliche, kommt
nachts auch, stört – gibt niemals Ruh.
  Mein Schmerz schleicht sich in viele Ecken, deckt
meine frohen Seiten zu.
  Mein Schmerz tritt selten auf der Stelle, oft wandert
er gewitzt herum
  Mein Schmerz der stürzt wie eine Welle auf mich
herein und leidet stumm.
  Mein Schmerz der Freund ist mein Begleiter macht
mich vergnügt, wenn er mal still.
  Mein Schmerz der Freund zeigt mir die Grenzen,
wenn mich der Frohmut haben will.
  Mein Schmerz – wie hasse ich sein Kommen, wie
engt er meine Wege ein.
  Mein Schmerz der meint er sei willkommen, denn
ist er da – spürt man das Sein.
  Mein Schmerz erfand den Hoffnungs-
Schimmer, wenn mich Verzweiflung übermannt.

Mein Schmerz der Abertausend Stunden, auf meiner Stirn die Nahrung fand.

Mein Schmerz der tobte und der pochte sich, durch mein Leben grob – und – schob.

Mein Schmerz wird niemals Ruhe geben, begleitet mich wohl in den Tod.

Mein lieber Freund

So manche Stund an einem Tag
mein lieber Freund - denk ich an dich.
So manche Stund steh ich vor dir und such im Spiegel
dein Gesicht.
Du bist die Sonne lieber Freund bist Licht für dunkle
Tage, du bist mein Rat und meine Antwort lieber
Freund, wenn ich mal keine habe.
So manche Stund an einem Tag mein lieber Freund,
hol ich bei dir mir Worte und schätze ihr Gewicht.
So manche Stund such ich den Blick und träum von
deiner Fröhlichkeit, wenn ich bedrückt.
Du bist mein Ast, du lieber Freund ein - starker Baum
bist du und meine Bibel bist die Zensur und das Gebot
der Abendhimmel und das Morgenrot.
Du bist mein Trost du Freund für alle Sorgen, du bist –
mein Schweigen, bist mein gestern lieber Freund und
auch mein morgen.
Du bist der helle Tag für mich, wenn mich die Nacht
erdrückt, ein warmer Ofen bist du, wenn mich die
Kälte pflückt.
Ich schick dir harte Worte du wirfst sie nie zurück,
auch wenn dich meine Ohnmacht so manche Stund
erdrückt.

Wünscht oft mir deine Nähe such wieder dein Gesicht
hör die Gedanken schweben und schätze ihr Gewicht.
Möcht die Entfernung streicheln, liebkosen dieses
Licht, den hellen Tag vergolden, wenn Sehnsucht zu
mir spricht.
Und...schau ich in den Spiegel des Herzens in der
Nacht, dann sitzt du sanft daneben und singst mich in
den Schlaf.

Letzter Spaziergang

Letzter Spaziergang übers weiße Feld
Schon tropft der Schnee und trifft
Sich in den Rinnen – mit braunem Nass
Um mehr und mehr zu singen.

So grau der Tag ein müßig Steigen
Sieht man noch keinen Frühlingsreigen
Aus feuchtem Moos noch keine Käfer springen - ein
schwerer Kopf – befasst mit vielen Dingen.

Noch wehren sich die reinen weißen Flocken, am
Waldessaum – wo sie zusammenhocken.
Die Sonne lächelt milde und macht mit
Verbrüdert sich mit mir und meinem Schritt.
Letzter Spaziergang übers weiße Feld
es tropft der Schnee und trifft sich in den Rinnen
mit Abschiedsschmerz um schöner noch zu singen.

Danke!

Danke! nun bist du fort
Und hast mich gut verlassen
Hast mir den Mund verkorkt
mit deinem Lachen
Bevor er
Liebe sagen konnte.

Wie viele

So viele Jahre bist du nun schon fort
Tausend Gedanken puste ich dir täglich hinterher, mal
sind sie blau – mal grau – mal hängen sie ganz tief und
machen meine Augen nass.
Mein Bild von dir wird blass.

Liebesworte sind wie Schwalben
Sie fliegen fort, wenn sich die Kälte zeigt.
Bald wird es wieder Sommer
Dein Nest noch fest verankert
Unter meinem Dach!
Ein Häufchen Glück erwartet dich
Mit Mädchenzier und Schnee im Haar.

Tausch

Ich bin kein Advokat der Liebe
Nur – deine Lippen sind so kalt!

Hast du den dünnen Strich gesehen im Gesicht?

-   Mein Leben geht nicht in die Brüche
-   Ich hab noch jede Falte ausgebügelt

Aber...du kannst ja wiederkommen
Wenn es dich friert
Und – kein Hahn mehr nach dir kräht.

Ich laufe

Ich laufe mir davon
vor mir davon
ich warte bis sie
davonlaufen die Stunden
und sich treffen mit der Nacht
mich nicht mehr brauchen
ich lasse sie liegen die
Zeit die es nicht gibt
und auch den Schlaf
der mich nicht will
kaum weiter bringt
nur einen Strich im
Kalender
weiter nicht.

Nimm

Nimm deinen Hut
 und mach dich auf die Socken
meine Scherben hab` ich längst
        entsorgt
da war einfach zu viel
von diesem fremden
 Duft auf deinen breiten Backen
     der mich entkorkt.

Wie schaut sie aus

Wie schaut sie aus bei dir – die Liebe!
Also – mein Regenbogen der mit den blauen Augen
der hat plötzlich ganz dünne Arme bekommen
den sieht man kaum noch und er giftet mich an
immer öfter – sogar im Schlaf.

Selbst

Selbst die Glocken klingen herbstlich
Wenn du um die Wiesen schleichst
Aus Tannenhöhlen grüßt ein knistern
Ein Vogel schreit.
Dein Kommen mit der Winde Wellen
Durch Berg und Tal durch Wald und Flur
Hängt nun an rostig derben Schellen
So rau sind deiner Hände Spur.
Da steh ich scheidend da und greine
Der Herbstwind durch die Bäume zieht
Hält die Vergänglichkeit im, Arme
Mit seinem warmen Mutterblick.
Es dämmert mir im, Nebelmeere
Dein Welken wird die Angst nicht mindern
Der Mond in seinem hellen Glanze
Steht längst Spalier mit - seinen Kindern.
Wie klingen die Gedanken herbstlich
Verlieren den Zusammenhang
Der Lebenspuls schlägt laut und kräftig
Es bleibt die Lust es bleibt die Bang.

Alles nimmt

Alles nimmt seinen Lauf
Alles nimmt man in Kauf –
Selbst das Leben
Aber –
Manchmal ist es recht mühsam und schwer
Zu leben
Da möchte man gerne alles liegen lassen
Sogar –
     Das Leben.

Regelmäßig

Regelmäßig, wenn er kommt der Herbst und seine
bunten Blätter frisst dann wird mir bang – schon
wieder hat er sich ein Jahr erstritten.
Wenn er sein lautes Gurgeln gerbt dann wird bei mir
die Stimme faul.
Der Schatten wandert durch die Gärten und gibt dem
Leben einen Tritt.
Im Wald da duftet es nach dir, die Wipfel wiegen sich
im Regenwind, es schmeckt nach Abschied im
morgenfeuchten Gras.
Wenn auch die Vögel vom Geläut der Sense flüchten
sie werden wiederkommen, wenn dich der Sommer
jagt.

Satt bin ich

Satt bin ich noch lange nicht von dir
du - wundervolles Blut das aus dem Sommer kommt.
Küss mich nur voll – mein Mund ist unersättlich.
Geschwister gibt es viele hier auf Erden
das Glück ist kurz und Seelenfromm.
Wir spüren schon die reifen Tage wo unsere Blicke
ruhen am endlos langen Fluss wo -Lust und Liebe
Seelen trinken.
    Unser Gott hat ein Gesicht das einer Mutter ähnelt
und – eine Zeit die Ihre Kinder frisst.
    Drum lache nicke pflücke – ich mach dich satt du
wundervolles Blut das aus dem Sommer kommt.

Waisenkind

Ich heiße Robert!
Und - schere mich nicht drum
denn die – die mir den Namen einst gegeben
die – liegen längst auf Friedhöfen herum.
Mein Vater wusste nicht, dass es den Robert gibt!
Aber - ich geh jetzt immer öfter auf den Friedhof und
suche seinen Namen – heimlich wie ein Dieb.
        Denn - ich heiße Robert
und er soll endlich wissen, dass es den Robert gibt.

Siehst du

Siehst du ich lache
Und meine Zähne sind geputzt
Der Mund gespitzt
Putz du nun auch die deinen
Und setz die Brille auf
Damit du deine Liebe siehst
Bevor sie dich verlässt.

Ich halt zu dir

Da stehst du nun einsamer müder Baum
Gezähmt und kraftlos wirken deine kahlen Äste.
Alleine stehst du da vom Schöpferglanz verlassen im
Tau der Nebelwiesen vom Tod beleckt.
Verstorben sind sie längst die eitlen Weisen
Die dich gedankenfroh auf diesen Platz gestellt
So hoffnungsvoll in -kampfgetränkte Erde -
Gedankendüfte – gespeister Lebensquell.
Aus süßer Unschuld - oft in Liebeswolllust
Umarmten dich die Freuden dieser Welt
Entzaubert bist du nun und -Blattverlassen
Ein müder Zeuge dem blassen Mond gesellt.
Einsamer Bruder der ich bin – mit dir im Bunde
Ruh ich mich bei dir aus und gebe dir Geleit.
Wundblass ist mein Gesicht im Schneegestöber
Worttrocken -herzensgram und sinnvergreist.
So lass mich eng umschlungen dir verwintern
Die weißen Felder der Vergangenheit besehn.
Auf deinen Schulterblättern in den Himmel blicken
Einsamer Bruder du – und mit dir gehn.

Oh` Welt

Oh` Welt wie bist du alt geworden
Wie viele Tode bist du schon gestorben
Der Herbst reißt sich das Leben von den Bäumen,
sing leise Mond es gibt nichts mehr zu träumen.
Phobien wachsen wie die Flammen im Kamin,
aus den Gedanken muss man sich das Leben ziehn.
Schwere Tropfen fallen die Muße hinkt,
du eitle krumme Hand greif zu und trink.
  Wie lange noch bist du mein Bräutigam du sanfter
Mond dort wo die Liebe wohnt.
Beschützt du mich wie meiner Mutter Schoß,
wenn nackt im Spiegel der Gevatter thront?
  Oh` welkes Heideröschen radier mein Leben glatt,
wenn der Geliebte kommt in Ahnentracht.
Wie hübsch er aussieht doch seine Augen fehlen.
  Will er mich so in seine Arme nehmen?

Nun hab` ich was

Jetzt hab` ich was –
Verletztheit fordert - nun bist du fort!
Kein leises Abschiednehmen war das –
Nur ein lauter Knall –
kein Blick zurück auf das verflossene Glück –
nun hab` ich was Vergeltung fordert.
Die Zeit nun schwer drückt mich zu Boden –
seit dein Gleichmut von mir schied und –
jeder Tag zeigt mir verborgen – überall,
wie sehr ich dich geliebt.
Trotzig betrübt und weh beklommen
horch ich nach deines Fußes Tritt.
Dein Stolz lässt dich nicht wiederkommen
mein Wund sein holt dich nicht zurück.

Was denkst du

An was denkst du Liebster, wenn du mich so
betrachtest, wenn du in mein Gesicht schaust und so
ferne leere Augen hast - was denkst du dann?
Gestern noch konnte ich deine Gedanken lesen,
Liebe stand auf deiner Stirn geschrieben und deine
Augen waren wie funkelnde Sterne.
Aus deinem Mund sprudelten Wörter aus Samt und
Seide und legten sich wie eine Perlenkette um meinen
Hals. Dein Atem befeuchtete meine Lippen und die
Kerze in unserem Herzen fing an zu brennen tropfte
auf unsere Seelen und machte uns Eins.
Ach Liebster!
Nichts kannst du mehr lesen in meinen Augen
blind bist du geworden für unser Glück und –
meine Angst fliegt an dir vorbei und stiehlt sich einen
letzten Blick.

Windgejammer

Die Nacht so kalt, kein Liebesbote
Kein Ruf der Dolen – Herz Geflimmer
Denk ich an dich am Jahresboden
Erstickt das Licht in meinem Zimmer.

Frierend keuchen Nebelwinde
Streicheln meinen Jammerstrand
Ein Eichenbaum vom Mond beschienen
Hält kosend meine Schlummerhand.

Hab mich als Lämmchen dir verludert
Waren niemals Sternengucker
Es scheint der Kerze Docht verkümmert
Ich treib aufs Meer ganz ohne Ruder.

Glücklich

Glücklich soll ich sein
hast du gesagt
weil das, das Leben schöner macht!
Zufrieden soll ich sein
meinst du, das bringt mehr Ruh!
Ja – wenn du bei mir wärst
dann könnte es gelingen
dann würde ich dir jeden Morgen
Mund und Lachen bringen.
Du schautest wach in meine
Augen, mein Gesicht
und...fändest darin beides
Zufriedenheit und Glück.
Du siehst
    ich weiß was du gemeint!

Wieso

Wieso bin ich eigentlich noch hier!
Wenn du die Tür öffnest mit deiner
Wuchtigen Natur zuck ich zusammen wie
ein geschundenes Tier.
Wenn dann deine Augen überquellen vor
Hass, fliegen mir deine nassen Wörter ins
Gesicht.
   Ich werfe sie vorsichtig zurück
Denn...ich will heute noch nicht tot sein
ich verschieb es lieber auf einen anderen
Tag.

Die große Liebe

Die große Liebe hab` ich nie erliebt
So eine Liebe die den Tod besiegt
Ich hab mein Lieben ausgeweint
Die Sehnsucht nach ihr angeleint
Denn – lieben und die – Lieb begehren
Tat die Geburt mir schon verwehren.

Ich trinke

Ich trinke auf DEIN Wohl und leg mich hin zum
Sterben.
Der Herbstwind streift umher und gelbt mich ein.
Durch das Fenster blickt die Nacht und das Verderben,
schmerzt meine Stimmung tot – ich möchte schrein.
Kein Mensch ringsum nur die Gedanken zahnen, ich
trinke auf DEIN Wohl – der Wein fließt rot.
Nachtschwarzer Himmel – Flügel lahmen –
ich trinke auf MEIN Wohl und - auf den Tod.

Ab Heute

Ab heute mach ich alles anders
Und ziehe einen dicken Strich
Doch spätestens am nächsten Morgen
Lacht mir Dieselbe ins Gesicht.

Beginn den Tag

Beginn den Tag mit einem Lachen
Hol dir die frohen
Stunden nur vom Baum
Wirf die Minuten die nicht wollen
Einfach wieder übern Zaun
Lass die Last von Gestern liegen
Fang fröhlich bei dem Heute an
Lass dich vom Sturm der Zeiten wiegen
Erst durch Bewegung fängt das Leben an.

Beton

Mein Kopf ist aus Beton
Und stur wie zwanzig
Esel –
meinst du
und bist es leid
mir Zuckerbrot zu geben.
  Dann sag mir doch!
Weißt du wie man den Muli
weiterführt und
  trotzdem nicht
zu viel – von seinem
  Eigen-Sinn - zerstört?

Da bin ich

Da bin ich traurig
Fühl mich allein
Sehn mich nach
Menschen
Und fröhlich sein
Doch hab` ich dann
Diese Geselligkeit
Such ich das Weite
Und – meine Zeit.

Der Winter und ich

Das frische Grün derselbe Morgen
ein neuer Weg dieselben Sorgen.
Die Sonne scheint ein herrlicher Tag
nimmt mir den Kummer den ich heute hab.
Verschneiter Wald und tropfende Tannen
warme Luft lässt den Frühling ahnen.
Tränen benetzen ein trübes Gesicht
Wind bläst darüber - kümmert ihn nicht.
Aus braunen Pfützen schon Farben blitzen
Ein Lächeln bleibt auf den Lippen sitzen.
Da – kaltes Schneiden weht durch die Luft
Aus schwarzen Wolken der Winter ruft:
   Ich war es, ich brachte dir diesen Tag!
beschickte die Sonne die du so magst.
Ich ließ dich vom Grün des Sommers grüßen
und dir vom Wind die Wangen küssen.
Nütze die Stunden nütze den Tag
ich wollt dich nur grüßen
weil ich dich mag.

Die Karten

Die Karten liegen gut!

Auch wenn ich nicht mehr weiß
wie ich die Zähne zeigen soll
ich bin dem Glück nicht bös
obwohl es mich so lange warten lässt.

Das Hoffen geb` ich niemals auf
noch schaut dabei kein Glück heraus
doch hoff ich jeden Tag aufs Neu -
dass dieses endlich hält
was es verspricht
denn - meine Karten liegen gut.

Du fehlst mir sehr

Du fehlst mir sehr - mir fehlen deine Worte
Deine Stimme fehlt mir und dein leiser Gang
Mir fehlt dein Atem für die kalten Hände
Und deine Schulter für die große Angst.
Mir fehlt dein Geist in dieser stumpfen Leere
Und deine Hoffnung für mein banges Ich
Mir fehlt dein Schatten um mich zu begleiten
Und deine Augen für ein wenig Licht.
   Wenn ich nur deinen Namen wüsste
Noch heute Nacht lief ich zu dir
   Nackt wie ich bin und ohne Strümpfe
Nichts nähm ich mit von dieser Kälte hier.

Aus deinem Herzen

Aus deinem Herzen möcht ich springen
Will eine Falte sein in deinem Schlafgesicht
Würd` mich so gern in deiner Liebe baden
Und in dir schwimmen wie ein bunter Fisch
Durch deine Augen möcht ich mit dir lachen
Auf deinen Lippen sitzen voll und rund
Auf deinen Brüsten durch die Träume wippen
Und Sehnsucht trinken aus deinem Mund
Waschen möcht ich mich mit deinen Tränen mit
Deiner Zärtlichkeit - durchbluten meine Haut
Will mich mit deinem Atem neu beleben
Dein volles Haar bewohnen wie buntes Laub
So lieb ich dich so fühl ich deine Nähe
Aus jedem Sonnenstrahl lacht dein Gesicht
Aus jeder Vogelkehle tönen frohe Lieder
Und deine Sommeraugen tanzen lustig mit
Beeil dich doch bevor die Träume welken
Und keine Locke mehr mein Haupt bedacht.
Träge wird das Blut und kommt zum Stehen –
Es gibt kein morgen mehr, werd endlich wach.

Obwohl

Obwohl ich deine Kälte
Gar nicht mag
Und weinen könnte
Wenn der Sommer geht
Lieb ich dich sehr
Wie du die Zeit veränderst
Und die Stunden stiehlst
Wie du die Farben wegträgst
Und mit den Flocken spielst
Das - lieb ich sehr.

Nun ist

Nun ist der Frühling eingekehrt
Es ist ein Singen und ein Rauschen
Alles was atmet und was lebt
Lässt sich von deinem Duft berauschen
Die Knospen treibt es aus den Zweigen
Es scheint als ob die Erde bebt
Mensch und Natur sieht man nun eilen
Die ersten Schwalben baun ihr Nest
Frühling – Wie Butter schmilzt er auf der Zunge
Nie werd ich so willkommen sein
Wie diese Kraft und diese Wonne
Die aus jeder Zelle keimt.
Fröhlich wird es uns im Herzen, leichter wird das
Seelenkleid alles schwebt auf sanften Schwingen
Für diese neue Zeit bereit.
Frühling – blitzt aus deinen Augen
Frühling - steht auf deinem Mund
Frühling – macht sich breit im Garten
Voller Sehnsucht drall und bunt
Feg den Staub aus den Gedanken
Spür das Drängen der Natur
Auf der Bank sitzt schon die Liebe
Wart - ein kleines Weilchen nur.

Ein gutes Blatt

Ein gutes Blatt hält fest
Zum Baum lässt sich nicht
Unterkriegen
Ein gutes Blatt ist
Treu und stark
Kein Locker kann es kriegen.

Ich war kein gutes Blatt und
Bin davongeflogen als
Ungeduld und Neugier durch
Meine Adern stoben
Ich hab`mich viel zu
Früh von meinem Stamm
Getrennt - bin ungestüm und
Unerfahren hinausgeflogen in die Welt
Nun treibe ich im Wind
Ganz ungeschützt
Eben kein gutes Blatt
Kein gutes Kind.

So schnell

So schnell ist sie davongelaufen –
Die Liebe
Wir konnten sie beide nicht halten.
Obwohl sie so stark war und immer noch schmerzt,
verlor sich das Herz.
Wir haben doch so bewusst sie genossen
warum und dann?
Zu leichtsinnig mit ihr umgegangen
Wieso und wann?
Hast du nicht immer gesagt –
wir müssen sie hegen, pflegen - diese Liebe - und
täglich beschenken aufs Neu.
Hab´ ich versagt - hast du versagt -
Wer hat sie nun verdorren wer
verdursten lassen
diese Triebe!

Ich stecke fest

Ich stecke fest!
Komme nicht vor
Und nicht zurück
Nicht ein Stück
Wenn der Verstand
Auch Einsicht zeigt
Und Kompromiss
Macht dieser
Kopf nicht mit
Er ist der wunde Punkt
Bei mir –
ist aus Granit.

Gemeinsamkeiten

Komm Winter – Freund
Setz dich zu mir
Der Sommer hat
Mich längst verlassen
Bring deine Kälte
Deine Ruh
Deck meinen müden
Körper zu
Schau ich den langen
Weg zurück
Ein alter Greis
Müd und gebückt
Verwöhnt vom Leben
Zog ich meine Kreise
Geh - ohne Bitternis nun auf die letzte Reise
Blas kräftig, lieber kalter Mann
Lass mich auf deinen
Flocken fliegen
Begleite mich in
Diese Nacht
Zu dem – der uns
Erschaffen hat.

Genieße

Genieße jede Stunde
Genieße jeden Tag
Denn niemand kann dir sagen
Wie viele du noch hast
Lass dich nicht kanten beugen
Bleib fröhlich rundherum
Denn nach zerbrochnen Scherben
Da dreht sich keiner um.

Gerade noch

Was für ein Hass hat sich
Da plötzlich aufgebaut
Gerade noch hast
Du mich freundlich
Angeschaut
Jetzt trägst du grüne
Farbe im Gesicht
Hast deine Augen wie
Ein Messer zugespitzt.
Wieso hast du mir
Diese Zeit genommen
Hast du denn nicht
Bemerkt wie Hoffnung
Aufgeglommen?
Hast du denn nicht gespürt
Wie sanft mein Atem war
Mein Blick so klar
Und - diesen Veilchenduft in
Meinem Haar?

Geschafft

Endlich haben wir`s geschafft.
Ich hab´ die Kraft du hast die Kraft beide können wir
nun lassen.
Vorbei ist diese Quälerei der Liebe, vorbei
die Lust und Last der körperlichen Triebe,
vorbei der Schmerz vorbei die süßen Worte, die Zeit
der trocknen Augen ist nun angebrochen.
Die Wände brauchen unser Lachen unser Weinen
nicht mehr hören, wie bin ich froh, nun kann mich
deine Stimme nicht mehr stören.
Nur - Schritte hallen durch das große Haus
Damit und mit dem Schweigen, kommen wir nun
bestens aus.
Die Zungen kleben fest es gibt nichts mehr zu sagen,
nun kann sich meine Ohnmacht nur noch mit deiner
paaren.
Obwohl – die Kälte nachts, wenn wir dann beide
frieren, geht heimlich doch mit der Vergangenheit
spazieren.
Erwischt uns dann ein zärtlicher Gedanke schleicht
sich sofort ein Tag dazwischen mit grässlichem
Gezanke.

Trotz dieser vielen Jahre wo ich die Falten pflegte, wo sich bei dir und mir die grauen Haare und das Alter regten - hat sich im Kopf nicht viel getan wir standen uns im Wege.

Mit Gleichgültigkeit und Resignation leuchten wir unsere Seelen aus.
Wie schaut`s bei dir – wie schaut`s bei mir -
Wie schaut es nur so endlos trübe in dieser - Ecke aus.

Mein schöner Tag

Mein schöner Tag du bist am Werden
Schäkerst mit dem Sonnenschein
Schiebst alle Traurigkeit beiseite
Lädst die Welt zum Träumen ein.

Schon kann man deinen Körper riechen
Immer praller wird dein Bauch
Lass deine Farbenpracht entsprießen
Vermähl dich mit der – Welten Hauch.

Zeig deine Kraft lass sie mich spüren
Mach mich zu deiner Majestät
Zeig mir die verborgnen Schätze
Eh mich der kalte Winter mäht.

Es ist der Frühling der so klimpert
Und meinen blassen Mund bemalt
Oh` weh! Ich hoff ich bleib nicht kleben
Am Winter – und es wird nicht kalt.

Sinnlos

Sinnlos leer und ungelebt
Hab` ich den Tag von
Gestern wieder abgelegt
Hab´ zu viel Kraft verbraucht
Und zu viel Energie
Und nichts dazugelernt
Wenn auch mein Kopf nach –
Einsicht schrie und
Harmonie.
Mit wie viel Eifer Dummheit
Lauter Stimme, hab` ich versucht
Mich durchzusetzen
An deiner Ohnmacht und auch Wut
Gedankengut erneut zu messen.
Unvermögend stets verletzend
Wird in Wunden rumgestochert
Mit viel Spott und Falschem Starrsinn –
Willensstärke durchgepokert.
Das geht nun viele Jahre so
Die Zeit wird sinnlos abgelebt
Bis es auf einmal dann zu spät
Für das Glück – das draußen steht.

Warum

Warum sprichst du nicht mit mir du müder Tag
bist so still und schweigsam wie ein Grab - läufst
keinen Träumen nach bist ohne Ziel, ein Tandler
bleibst du und zerstörst mein Spiel.
So schön bist du – du Tag – und strahlst mich an,
fängst deinen Morgen schon sehr zeitig an - stockst
meine Träume bringst kein Lächeln mit - auch wenn
im Garten schon der erste Flieder blüht.
Ein müder Tag bist du kommst nicht voran bist blass
und knochig wie ein Sensenmann
frisst alles was sich regt um dich herum faul machst du
mich – du Tag und krumm.
Launisch bist du Tag und voller Langeweile ein leeres
Blatt Papier schreibst keine Zeile - versprichst so viel,
wenn du durchs Fenster kommst - sitzt doch nur rum
nährst meinen Leibeszorn.
Ein scheuer Tag bist du – und so bescheiden
magst keine frohen Stimmen und kein Lachen leiden.
Schließt deine Augen und siehst gar nicht hin - wenn
ich so kraftlos und so voller Mühsal bin.
Ein teurer Tag bist du – ein echter Dieb
stiehlst mir die Zeit bist wie ein -Küchensieb.

Willst keine Stunde – jemals wiederholen - ein
Schnitter bist du - Tag obwohl du mich geboren.

Träume

Heute Nacht bekomm ich wieder Gäste
Sie sitzen mir im Nacken - halten Wacht
Sie klammern sich – und packen meine Seele
Quälen mich – durch diese Stunden ohne Schlaf.

Sie wollen wieder endlos mit mir reisen
Alles wissen was dabei geschah
Mich – mit schlechten Stunden fast erdrücken
Obwohl ich sicher bin - dass alles richtig war.

Nun läuft

Nun läuft es weg das alte Jahr
Das Neue hat noch weiße Flügel
Ich geh in mich, nimm mir viel vor
Denn dieses, soll mich endlich lieben
  Wie müde waren oft die Tage
Viel Kummer legte sich darüber
Tränen trübten Hoffnungsboten
Im Stoppelfeld roch es nach Flieder
  Dieselbe Mühsal weinen lachen
Erinnerungen blieben wach
Hab mir zu vieles vorgenommen
Voll Träume war so manche Nacht
  Und denke ich an dieses Leben
Das täglich kürzer wird und – schwer
Nichts konnt ich auf und ab bewegen
Zu viele Stunden blieben leer
  Noch zähl ich nicht die grauen Haare
Doch mahnt es mich wie was zerrinnt
Dann möcht ich sie zurückerobern
Die Jahre die zerronnen sind
  Dies neue Jahr muss mir gelingen
Und steht es auch nicht in den Sternen
Ein neues Jahr und - nur für mich
Ich trink mir zu es wird schon werden.

Ich komme!

Ich komme morgen!
hast du gesagt:
Auch gut – sag ich
das ist nicht neu für mich
das sagst du immer und -
heb den Tag mir trotzdem für dich auf.
Geh zum Friseur, lackiere meine Nägel
mache die Wohnung sauber und -
kaufe ein paar Flaschen guten Wein.
Dann - sitze ich und warte
mein Magen knurrt
Doch - was noch schlimmer ist
es stehn zu viele leere Flaschen auf dem Tisch
und...Kerzen die der Kummer langsam frisst.
            Mein Gott es klingelt!
stammle ich hervor und
renne an die Tür, wer kommt
denn da so spät?
                Duuu! Duuu bist schon da?
Lall ich hervor und –
fall dir vor die Füße.

Lachen ist gesund!

Ein alter Spruch aus Volkes Mund
Aber – mit dir in einem Zimmer
Da hängen ja die Eiszapfen
In mein Gesicht
Da – soll Lachen gesund sein
Ich weiß es nicht
Mir – tut der Mund noch weh dabei.

Wenn ich jetzt

Wenn ich jetzt in den Keller gehe
Und die Vergangenheit zerreiße
Wenn ich all meine Gesichter in
Den Papierkorb werfe
und die Gedanken in der
Faust zerknülle
Wird das ein Neubeginn?
    Sicher nicht!
Ich kann mir nicht entrinnen
Mich schleppe ich ein Leben lang -
    in mir herum.

Es geht mir gut

Es geht mir gut!
Mein Kopf lässt mich in Ruh
Und auch mein Magen fühlt
Sich noch geborgen.
Ich horch nach Innen
Mir scheint als lächelt
Alles mir nur zu.
Ich weiß genau warum!
Weil heute Sonntag ist
Die Läden sind geschlossen
Ich dreh mich um und
Spür dich neben mir
Das ist genug
Mehr zu erzählen brauch ich nicht.

Wenn ich

Wenn ich jetzt lache
Dann nur –
Um nicht zu weinen
Wenn ich jetzt schweige
Dann nur –
Um nicht zu schreien
Wenn ich jetzt schlucke
Dann nur –
Um nicht zu ersticken
Wenn ich jetzt schlafe
Dann nur –
Um zu vergessen.
Halte mich fest du – Nacht
Und gib mir sanfte Träume
Schick mir den Wind
Verweh mein Herzeleid
Wenn ich dann -
Aus dem Blumenthal erwache
Gib mir die Kraft für diese schwere Zeit.

Wie du

Wie du sein sollst –
dass weiß ich genau!
Wie ein Glühwürmchen bei seinem Liebestanz sollst
du leuchten für mich.
Wie die Biene auf einem Veilchenblatt – fleißig und
treu sollst du mich immer wieder finden.
Frei wie ein Schmetterling sollst du mich
begleiten um mir die Leichtigkeit zu zeigen.
Frisch wie das Gras voller Tautropfen am Morgen
eines neuen Tages, sollst du mich begrüßen.
Blumig wie eine Rose sollst du an meinen
Lippen hängen und nimmer welken.
Fröhlich wie ein Glöckchen sollst du klingen und
meine Sinne erfreuen.
Deine Arme sollen sein wie ein Sonnenstrahl
endlos und warm um mich überall zu erreichen.
Wie warmer Regen sollst du sein nach heißen
Sommertagen und meinen Durst stillen nach dir.
Wie eine Lerche sollst du unser Glück besingen und
mir täglich neue Lieder schreiben.
All das sollst du sein und vieles mehr
denn – das ist Glück und – dass bist du.

Wintermorgen

Der Tag ist langsam am Erwachen
Doch – hat die Stunden noch am Zügel
Mitten in verschneiter Erde
Ein paar frisch geworfne Hügel.
Wie ich ihn liebe diesen Morgen
Und diesen Winter – weiß verschneit
Wenn er mit seiner kalten Zunge
Mir Leben in die Adern treibt.
Oft ist er nicht allein der Gute
Ein alter Freund bläst kräftig mit
Dann hab` ich Mühe aber glücklich
Kämpf Ich mich vorwärts Schritt um Schritt.
Ein großer Meister dieser Freund
Wenn man ihn am Werken sieht
Wie er in die Wattewolken –
Frische Wabenmuster Zieht.
Hie und da noch – Wasserpfützen
Auf Ackerwegen angestaut
Auch ein paar Blätter blieben sitzen
Und rascheln fröstelnd auf dem Baum.
Da! Schon wieder wird er munter
Dieser Freund vom weißen Winter
Bläst und weht auf allen Wegen

Bläst herbei den guten Sinter.
Verweht - verwegen meine Spuren
Tanzt mit Gezeiten um ein Leben
Plättet sorgsam meine Mühe
Als wäre ich nie da gewesen.

Zu spät

Du kommst zurück?
        Zu spät!
Ich seh` in deinen Augen Liebe
        Sie macht mir Angst!
Du willst mir meine Ruhe nehmen.

Komm! schüttle mich
        Siehst du das Gestern fliegen?
Es ist nicht leicht für mich
        Dich trotzdem noch zu lieben.

Zweisamkeit

Einsamkeit trotz Zweisamkeit
Lässt uns an Sommertagen frieren
Ohnmächtig kämpft man um Gefühle
Kann sich nicht lieben – nicht verlieren.

Gedeckt der Tisch besetzt die Stühle
Das Schweigen nagt – die Kälte schreit
Gemeinsam gibt es kaum noch Ziele
Gelebt wird falsche Höflichkeit.
Festgefahren nur noch Zwänge
So will man sich vom Schein befrein
Sucht man mit Wehmut in der Menge
Nach Liebe – und Verstanden sein.

Bequemlichkeit macht man zur Regel
Darum – vermeidet man auch Streit
Ein schweigsames daneben leben
Da lockt die Freiheit – bockt die Zeit.
Einsamkeit trotz Zweisamkeit
Man kann den andern nicht mehr spüren
Nur Blicke treiben tiefe Wunden
In Seelen – die sich selbst zerstören.
Doch nachts geh ich mit dir auf Reisen

Sehne mich nach deinen Armen
Warte am gedeckten Tische
Auf die Lippen auf die warmen.
Warte ich auf deine Blicke
Auf dein Lachen auf dein Wort
Im Traum da fühl ich mich geborgen
Da küsst dein Mund das Fremde fort.

Er kommt

Frühlingstürme rauschen durchs Land
umwehen pfeifend noch Wangen und Ohren.
Augen brennen vom treibenden Sand
Sträucher kahl ohne zierende Roben.
Schwarze Punkte zwischen windigen Wolken
zwitschern und tanzen schon freudig erregt
aus grünen Wiesen und braunen Schollen
langsam zitternd sich Leben bewegt.
Schmetterlinge auf schwankenden Halmen
von der Sonne Strahlen geküsst.
Frohe Gedanken mit langen Armen
formen auf Lippen ein Sommergedicht.
Nirgendwo störendes Alltagsgetümmel
treibt man den wellenden Winden entgegen
Gänseblümchen so weiß wie der Schnee
sich neugierig aus dem Moose heben.
Frühlingsboten - sie streifen umher
noch sticht kein Röschen die zögernde Hand
doch lässt er uns täglich ein bisschen mehr ahnen -
kommt er voll Ungeduld angerannt.

Mit zu viel Eile

Nach diesen Worten gestern Abend
Die mir meinen Schlaf geraubt
Wo ich ratlos und besorgt
Ständig auf und abgetaucht
Hab` ich die Sorgen weggefegt
Und deine Zeit hinausgelassen
Hab´ den Tisch für mich gedeckt
Und deine Tasse abgewaschen
Ich hab`mir einen Tag gestickt
Mir ein Blumenmeer geschenkt
Mein Gedankengut bestückt
Und deines in den Schrank gehängt.
Mit zu viel Eile – zu viel Taten
will ich nun ohne dich genießen
Dass mir so viele schöne Dinge
Wie Ruhe – durch die Finger fließen
Denn ständig jagen mich Sekunden
Schau ich gehetzt auf meine Uhr
Zuviel auf einmal will ich binden
Als hätt ich diese Eine nur.

Sommerabend

Abendstimmung genießen
Im Sommer auf einer Bank
Umschwärmt von emsigen Bienen
Und schönstem Vogelgesang
Die Grillen zirpen verborgen
Aus satten Gräsern hervor
Die Bäume ächzen und wiegen
Harmonisch sich mit im Chor
Ein Hauch so sanft und so zärtlich
Streicht über das weite Feld
Weckt Sehnsucht in mir nach Wärme
Trägt Frohsinn in meine Welt
Blätter tanzen im, Winde
Fangen das Sonnenlicht ein
Bringen lebendigen Frieden
Geben Gedanken ein Heim
Hinter den Wolken verborgen
Harret geduldig der Mond
Bis eine goldene Straße
Die Bank und mein Warten belohnt.

Steck deinen Kopf

Steck deinen Kopf nur in den Sand
Heul mit den Wölfen um die Wette
Schwemmt dich die Flut auch
Mal an Land
Ein Nichts bleibt immer auf der Strecke.
Vergräbst dich unter Sonntagslügen
Schleichst dich mühsam durchs Gefälle
Bleiben immer es nur Rüben und –
Nichts wird es auf alle Fälle.
Drum gräm dich nicht – bleib bei dem nichts
Es ist bequem – ein Nichts zu sein
Schau – auch am Ende wird's gemütlich
Mit nichts – da gehst du leichter heim.

Tiefer Sommer

Tiefer Sommer tiefer Frieden
Lacht mir überall entgegen
Auf den schmalen steilen Pfaden
Laue Winde sich bewegen.
Reif und satt keimt aus der Erde
Alles was sie für uns hat
Ein Glockenspiel mit sanften Tönen
Umspielt die Ernte Blatt für Blatt.
Am Wegrand gibt es buntes treiben
Wo Brennnessel und Distel stehn
Spitzwegerich und wilder Kerbel
Wollen mit dem Sommer gehen.
Ein großes Heer von Mücken Bienen
Verrichtet emsig seine Pflicht
Ein frisch verliebtes Vogelpärchen
Zwitschernd in den Zweigen sitzt.
Das Weizenfeld mit satten Ähren
Halm für Halm wie eine Decke
Bewegt sich sanft im Takt der Lüfte
Begleitet mich auf dieser Strecke.
Heut hab` ich Augen für die Farben
Lass mich auf einer Wiese nieder
Hör das Hämmern eines Spechtes

Ein Potpourri von Vogelliedern.
Und bin ich auch ein Mensch mit Schwächen
Vom Sommer schon sehr weit entfernt
Lieb ich die kühlen samt 'nen Nächte
Bei Rebensaft und Abendstern.
Alles wird so weiterblühen
Jeden Sommer wiederkehren
Auch - wenn ich längst schon
Nicht mehr bin - bleib ich doch Teil
Von - dieser Erden.

Grau der Himmel

Grau der Himmel, grau wie mein Gesicht
warmer Frühlingsregen begleitet mich.
Schon spür ich wie der Wind den Winter mäht
und seinen bunten Bauch gewaltig bläht
da stielen mich noch Kraut und Rüben an
ratloser Tag und schrecklich monodram.
Müde bin ich und stapf durch faules Moos
ein Klumpen Fleisch wird seinen Kopf nicht los.
Kämpft jammernd sich durch diese schöne Welt
kommt nicht voran und läuft stets auf der Stell.
Langsamer Abschied der da, mit mir geht
schon grün das Gras sich über alles legt.
Ein - traurig Herz das mich da auserkoren
zum Sterben hier zum Sterben auch geboren.

Haferschleim

Da versuch ich ständig
gesund zu bleiben
    iss Haferschleimsuppe
und Honig dazu
    hilf meinem Geist sich emsig zu regen
und übe fleißig die innere Ruh
    doch dann geht die Tür auf
    und –
Kälte tritt ein
    da hilft mir kein Honig
kein Haferschleim.

Heut

Heut liegt mir was
Ganz schwer im Magen
Und lähmt den Rhythmus Tag
Nicht –
Dass ich mich für
Meine Falten schäme
Doch fehlt mir was –
Es ist das Leben das
Ich nicht mehr hab.
Viel zu viel Zeit um
Nachzudenken
An die jungen Jahre
An das Kinderlachen
An die Sorgen und die Plag
Viel zu viel Zeit
Mir Mängel anzulasten
Zu viele Stunden hat
Der Tag und –
Leere Räume die ich
Nicht mehr mag.

Schuh

Auf großen Fuß und überheblich
Treten wir die Erde platt
Schwaches Wachstum kämpft vergeblich
Um einen Platz im Patriarchat.
Schnecken schleimen auf den Straßen
Ziehen oft die falsche Spur
Pfaue, haben gute Schneider
Ein großes Maul geht nie auf Kur.
Ja, so ein Schuh drückt schon erheblich
Wird für so manche ein Problem
Ist oft zu klein, wird schnell zu groß
Und -meistens sitzt er unbequem.

Drum ziehn wir ihn doch manchmal aus
Lassen einfach alles ruhn
Die Fische schaun zum Fenster raus
Gib ihm die Zeit es auch zu tun.

Was hat

Was hat meine brave Mutter immer gesagt?
Ehrlich und fleißig musst du sein mein Kind
das ist das Wichtigste, dann machst du mir keine
Schande!

Ehrlich bin ich geblieben und fleißig auch
aber – außer, dass meine Mutter in Frieden
sterben konnte - ohne Schande -
hat mir das nichts eingebracht.

Immer wenn

Immer wenn ich mein
Es sei vorbei
Jetzt können wir uns
Zeit für unsere
Liebe nehmen
Dann siehst du eine
Fliege an der Wand
Und - ich renn schnell
Ins Bad um mich zu
Übergeben.

Dem Heute

Dem Heute und dem Jetzt sollst du
Die Stunden geben
Den Tag bemalen wie er dir gefällt
Gedankenzügel lockern
Frohe Wörter spinnen
Auch wenn sich manchmal
Faule Stellen
Zwischen Minuten finden
Den Kopf entrümpeln
Mehr Platz für -
Herz und Liebe lassen
Dann kannst du auch das morgen
Bestimmt und locker schaffen.

Komm leih mir

Komm leih mir dein Lachen
Für ein paar Stunden
irgendwo hab` ich das meine verloren
irgendwo hab` ich es liegengelassen
oder - es ist auf den Lippen erfroren
Leih mir deine Augen für ein paar Stunden
meine sind blind voller Kummer nach dir
sind über Nacht plötzlich stumpf geworden
so müde sind sie und – gar nicht mehr hier
Leih mir deine Hände die zärtlichen weichen
meine sind kalt und ohne Gefühl
hängen an meinen verwaisten Armen
greifen ins Leere finden kein Ziel
Leih mir deine Lippen die saftigen roten
meine sind spröde sind trocken und hart
möchten so gerne die deinigen küssen
warten auf diese sanfte Gewalt
Komm leih mir für heute, für diese Nacht
all deine Zärtlichkeit all dein Empfinden
lass mich für heute für diese Nacht
in deinen Armen mich wiederfinden.

Leise

Leise rauscht`s im trocknen Blätterwald
Wenn Eisregen herniederfällt
Sind auch die Wiesen und die Äcker
Noch in Weiß gehüllt kommt schon
Bewegung in den Winterschlaf und –
Keimt erwartungsvoll und aufgeregt
Die nächste Saat.
Mal schiebt sich auch ein Rest vom letzten
Sommer in das erwachte Haus und
Picken aufgeweckte Spatzen im ersten Moos
Das aus der Kälte schaut.

Hätt` ich die Zeit von der Natur
Dann würde ich jetzt warten
Setzt mich dazu und schmelzt dahin
Wie letzter Schnee im Garten.

Ohne Licht

Ohne Licht und –
Grau behangen sieht es
In meinem Herzen aus
Kein Leuchten keine frohen Stimmen
Dringen in mein Seelenhaus.

Die dunkle Wand vor meinen Augen
Hemmt freie Atmung – klemmt sie ein
Egal was heut ich mir befehle
Es wird genau wie gestern sein.

Drum lass ich es dabei bewenden
Und mach die Läden wieder zu
Leg mich ins Bett – will wieder träumen
Hab Angst – der Tod legt sich dazu.

Plötzlich

Es war als niemand mich
Brauchte der Mond strahlte
Grünviolett und unter der
Schwarzbraunen Decke ein
Schneeweißes Täubchen versteckt.
Flatternd und schnatternd
Versucht es kämpft mit einem
Körper aus Stroh, so hart das
Bett und die Farben das
Weiße Täubchen das fror.
Pickte und kratzte im Dunkeln
Verzweifelt am kalten Bauch –
Das Täubchen liebte das Leben der kalte
Bauch wachte auf.
Hell wurde die schwarzbraune
Decke, der Mond strahlte
Grünviolett das weiße Täubchen
Entdeckte wo sich der Funke versteckt.
Bald fing das Stroh an zu brennen
In Flammen grünviolett
Das Stroh sich so sehr erschreckte –
Und das weiße Täubchen flog weg.

Herbsttag

Wenn tief die Bäche rauschen
Und Nebel aus den Tälern steigt
Ein Teppich aus verwaschnen Blättern
Mir meine Wege zeigt – dann ist es Herbst.
Wie spätes Obst in Nachbars Garten
Fange ich die Stimmung ein, die leer geräumten
Apfelbäume, trink vom ersten jungen Wein.
So laufe ich dem Herbst entgegen
Ein Bauer flickt den Weidezaun
Kuhglocken aus der Ferne singen
Heut lebe ich heut bin ich Faun.
Ein Kleid hat er sich angezogen
Dieser wunderschöne Tag
Bunt bemalt und voller Farben
Lacht er da froh auf mich herab.
Walnussbaum und Hagebutten
Dornschleh und Holunderstrauch
Gar vieles ist noch zu beschenken
Und im Herbst – da bin ich auch.
Gebeutelt voller Abschiedsdenken
Steig ich langsam wieder heim
Auch meine Morgen werden müder
Na gut! doch soll`s ein bunter sein.

Du lieber Baum

Du lieber Baum
Du guter Baum
Du schattest
Meinen Garten
Und glückst mit
Deinen Farben
Mein Gemüt
Schickst meiner
Traurigkeit
Ein sanftes Singen
Wenn wildes
Stürmen durch
Die Äste zieht.

Erwartung

Der Schnee ist weg Der Frühling hat die Erde
aufgeweckt nun wartet alles auf die neue Zeit.
Die Sonne lockt und zerrt uns aus der Stube
zieht uns hinaus in Feld und Flur, wo wir
voll banger Sehnsucht stehen bleiben und suchen
nach den ersten Boten der Natur.
Schon vieles reckt sich aus der Starre
reibt sich die letzten Krümel aus dem Aug.
Verfrühte Käfer von den Gräsern tropfen
der Frühling packt vergnügt die Geige aus.
Obwohl wir noch verstimmt und fade
klingen wie ein altes Instrument,
fühlen wir sie schon die - Frühlingsboten und diese
Sehnsucht die man Liebe nennt.
Noch pflegen wir das Fell vom kalten Winter und
nähren uns vom Weh der Misslichkeiten
sitzt schon ein Sonnenstrahl auf diesem Zeiger
und lässt den Tag ein bisschen länger geigen.
Da horchen wir wie Fink und Star, Lieder in die Lüfte
schreiben.

   Ein Mensch bin ich – mit Freuden und mit Leiden
und möchte allzu gern, dass diese Lieder bleiben.

Bald

Bald – werden sie wieder
Zwitschern und singen
Werden die Knospen bald
Sehnsuchtsvoll springen
Bald werden die Tage Länger sein
Denn endlich kehrt wieder der Frühling ein.
Bald – wird nun Wald und Flur erwachen
Ein Wettstreit mit der Zeit beginnen
Alles wird emsig nach oben fassen
Wird keimen und sprießen
und klopfen und quillen
  Wieder wächst Freude
Es wächst das Vertrauen
Es wächst der Krokus
Am Waldesrand
Und laue Lüfte werden
Besiegeln was - längst schon in
Deinen Augen stand.

So vieles

So vieles liegt mir
Schwer im Magen
Was ich nun nicht mehr
Ändern kann
So vieles hab` ich ausgelassen
Was ich jetzt nicht mehr
Haben kann
Muss ich denn wirklich meine
Zeit verschwenden
Lauf ich ihr morgen denn
Nicht wieder hinterher?
Ich sollte diesen Kampf
Nun endlich mal beenden
Und an die Jahre denken
Die ich vor mir hab.

Überall ist Ruh

Überall ist Ruh –
Nur bei mir kehrt sie nicht ein
Steh verlassen unter Tannen
Fühl mich allein.
Hör kaum der Blätter rauschen
Der Nebel steigt herab
Verwelktes Grün und Leben
Bereiten sich ihr Grab.
Kein Baum hört auf zu wachsen
Nur weil der Nebel steigt
Kann bloß ein wenig rasten
In dieser stillen Zeit.
Herbststimmung sitzt
Auf der Natur
Ist sanft und
Zart zu jedem Blatt
Wohl dem – der
In den Abendstunden
Als Mensch -
Auch einen Menschen hat.

Manchmal

Manchmal, hätt ich mir schon gewünscht
mein Lieber - wichtiger für dich zu sein –
dein Schweigen in den blauen Stunden
trübt mir das Leben ein.
Sei nicht so dumpf, willst du dich nicht an mir
berauschen?
Weck deine Schlummerlieder auf – mich friert –
auf deinen Augen klebt der Totenschein!
Soll ich dir meine Wünsche in die Lippen beißen?
Augen – Hände – Mund   -
hast du dein dünkeltrübes Heim vernagelt?
Komm! weck deine Schlummerlieder auf
der Winter kommt von ganz allein.

Bergauf

Bergauf – Bergab im Wechselschritt
Nimmt mich das Leben in die Zange
Mal kommt ein Hoch mal kommt ein Tief
Nach beidem habe ich Verlangen
Genieße sanfte – raue Stimmen
Nichts kann mich aus der Ruhe bringen
Es stört kein Lärm mein waches Ohr
Ich fühl mich wohl – hab vieles vor
Und wachsen Rosen aus den Dornen
Und lach ich – wenn ein Wort mich sticht
Es bleibt mir keine Zeit verborgen
Ich nehm das Leben – wie es ist.

Du Baum

Du Baum hast Leben
Denke ich und –
Deine grünen Blätter
Beglücken dich
Besuch hast du genug
Die Vögel setzen sich auf
Deinen Ast und singen dich
Sanft durch den Tag

Du musst doch glücklich sein
Du Baum –
Wie gerne wäre ich dein Ast.

Wie viele

Wie viele dieser Nägel
Hab` ich wohl verschluckt
Die du mir damals auf
Den Weg gestreut?

Hab` ich die Stunden wirklich
Alle ausgespuckt als –
Du auf meine Rückkehr
Dich gefreut?

Festgefahren

Ich stecke fest
Komme nicht vor
Und nicht zurück
Nicht ein Stück
Wenn der Verstand
Auch Einsicht zeigt
Und Kompromiss
Macht dieser
Kopf nicht mit –
Er ist der
Wunde Punkt bei mir
Ist aus Granit.

Der Frühling

Der Frühling - Schreibt die schönsten Lieder
Voll Harmonie und Fröhlichkeit
Es tanzen Wolken wächst der Flieder
Wie freu ich mich auf diese Zeit.
Der Frühling - Ist der beste Maler
Er zaubert Farben uns hervor
Ob Gänseblümchen Anemonen
Erfreut das Aug erquickt das Ohr.
Der Frühling - Ist der größte Dichter
Was er an Reimen schon erfunden
Liegt in der Luft steht in den Sternen
Wird in Träumen eingebunden.
Schon blüht der erste Löwenzahn
Satt und gelb am Waldesrand
Wird er umgarnt von Schmetterlingen
Von Bienen und vom Sonnenstrahl.
Im Frühling bin ich nie alleine
Weil sich da draußen viel bewegt
Und wenn der Tulpen Knospen springen
Dann bin auch ich ganz aufgeregt.

Wer kommt

Wer kommt des Morgens an mein- Bette?
Es ist ein wunderschöner Morgen
Die Vöglein singen um die Wette
Und ich auf Wolkenschaum im Bette.
 Alles ist so still und friedlich
Die Nacht so sanft die Träume süß
Noch immer liege ich im Bette
Weil ich den Tag heut mal genieß.
 Alles ist so still und friedlich
Ich ordne meine Wünsche ein
Schau mit Zuversicht und Hoffnung
Aus meinem Bett ins Glück hinein.
 Da - von Ferne hör ich Schritte
Sie schneiden die Gedanken ab
Es sind die Schritte die zertreten
Was eben noch geatmet hat.
 Da kommt des Morgens an mein - Bette
Der Tod mit seiner weißen Maske
Kämpft mit dem Leben um die Wette
Und mit dem Frohsinn den ich hatte.
 Da kommt der Tod laut an mein - Bette
Ein böser Tod nicht still und leise
Rächt alles Liebe alles Schöne

Stört meine frohe Lebensweise.
  Mich friert und Angst würgt meine Seele
Jetzt holt mich das Vergessen ein
Aus Liebe hab` ich ihn genommen
Als Tod - kommt er jetzt zu mir rein.

Lenz

Oh` wie zart bist du wie streichelst du den Tag,
in buntes Seidentuch gehüllt kommst du ins Haus,
sonnengelb fast schon im -Sommerfrack stehst du vor
mir und packst die Geige aus.
Wie feuerrote Lippen auf bleicher Winterhaut
wächst bald auch roter Mohn im Ährenfeld heran
Kirschblüten schön und weiß wie eine Braut schaun
mich aus frisch Ergrüntem fröhlich an.
In voller Harmonie mit dieser Zeit fühl ich den Drang
in mir und die Bewegung
in meinem Herzen bebt es und es schreit
bin ich entlaubt und wart auf die Begegnung.
Sieht man die Blütenboten wippen
was für Träume kommen da in meinen Sinn –
formen sich auf meinen Träumerlippen Kinderreime -
die längst vergessen sind.
Getragen so – voll Sehnsucht und den Düften, lässt
sich wohl jeder müde Geist betören und –
wenn die Vogelwelt den Tag besingt
kann man den Wolkenhimmel lachen hören.

Ein Kind des Frühlings will ich heute sein
Mit grünen Armen dich in meine Träume holen
auf einem Blumenteppich unterm Mondenschein
dem Rausch der Sinne lauschen bis in den Morgen.

Ein Mund

Ein Mund der viel zu emsig
Der geht und geht und geht
Lässt den Gedanken laufen
Bevor er sinnhaft steht.

Spontan und unbesonnen
Schickt er die Form auf Reise
Schürt unbedacht Probleme
Verwirrt so manche Kreise.

Drum hab` ich mir was ausgedacht
Und schenk euch diese Ernte
Damit ihr nicht so oft wie ich
Leicht missverstanden werdet.

Bunt und rund und voll Humor
Sollt ihr das Wort bestücken
Wählt voller Vorsicht mit bedacht
Denn Sprache soll entzücken.
Geistreich soll sie sein und singen
Voll Harmonie und Leichtigkeit
Ein freier Blick sie stets begleiten
Verweilend – gib den Lippen Zeit.

Denn wie viel Schmerz kann es bereiten
So ein unbequemes Wort
Und wie viel Spott kann es dir bringen
Denkst du nicht nach - in einem fort.

So pack sie sorgfältig in Seide
Bind bunte Schleifchen rundherum
Tauch sie in Öl und duftend Seife
Und dreh bedächtig sie herum.

Lass sie durch Rosengärten wandern
Die ganze Spröde dort verlieren
Ein Reim aus Worten – voller Schönheit
So soll die Sprach – den Menschen zieren.

Mir tät es gut

Frühling ist es – wenn sie singen
Die Herzen und die Vogelstimmen
Wenn sie treiben diese Spitzen
Aus Tannen und aus Mauerritzen
Wenn alles zirpt und alles bebt
Ganz einfach – wenn sich Neues regt.
Frühling ist es – wenn voll Stolz
Aus verfaultem Wurzelholz –
Sich Farben in die Höhe schieben
Mit gelben Butterblumenblüten
Wenn sie laufen diese Tropfen
Und auf die glatten Steine klopfen.
Frühling ist es - wenn er dann
Wächst und gedeiht der Löwenzahn
Wenn Veilchenblau ein Auge lacht
Und sommergelb das Glück bedacht
Wenn sie dann wieder grün umrankt
Verliebte lockt die – Sommerbank.
Frühling ist es – wenn sie schwimmen
Die Winde lau im Abendhimmel
Wenn sie tanzen diese Strahlen
Noch wärmer – länger als sie waren
Wenn uns der Nachbar freundlich grüßt

Und roten Wein in Gläser gießt.

Frühling ist es – wenn wir sacht
Uns lieben unter einem Dach
Wenn wir es nützen und beschützen
Das Leben und die Wasserpfützen
Wenn wir die welken Pflanzen gießen
Und machen, dass sie wieder sprießen
Wenn wir dem Zwist die Hände reichen
Mir tät es gut ich könnt es leiden.

Morgenspaziergang

Noch schlafen menschliche Stimmen
Noch ruht die weltliche Hast
Hör ich schon der Vögel singen
Und seh` den erwachenden Tag.

Der Sommerwind kämmt meine Haare
Und Morgentau wäscht mein Gesicht
Die Schritte machen mich heiter
Gedanken sind zärtlich und lieb.

Kornblumen verschlafen im Felde
Verschenken bald wieder ihr Blau
Ein Regentropfen, verlaufen
Sitzt wippend auf meinem Aug.

Mit satten Zügen verschluck ich
Den Morgen und diese Luft
Fühl mich befreit und geborgen
Bin wachsam und fühle mich gut.

Heut ist wieder so ein Tag

Heut ist wieder so ein Tag –
der mich nicht mag - heut sticht mich wieder ein
Gefühl ich nenn es Plag - es treibt die Zeit mich unstet
an komm nicht voran, heut ist ein Tag der - macht mir
Angst und bang.

Heut ist wieder so ein Tag – der mich erdrückt –
heut seh ich schon wie karg mein Grab geschmückt -
es kommt mir niemand in den Sinn der mich geliebt,
heut ist ein Tag – wo ich das Leiden lieb.

Heut ist wieder so ein Tag der nichts versteht
heut spricht er nicht - kein Wort, wenn er da geht - es
jagen mich Gedanken und mischen sich hinein - heut
ist ein Tag der missversteht und mich verneint.

Heut ist wieder so ein Tag – der bockt und weint -
heut lacht er nicht hat seinen Mund verleimt - es
scheint kein Licht die Sonne wird nicht wach
heut ist ein Tag - der meinen Kummer facht.

Heut ist wieder so ein Tag – der nichts begreift - heut
lenkt er nicht - ist alt und schon vergreist –

es laufen die Sekunden so leer und leis dahin –
heut ist der Tag so mühevoll und ohne Sinn.
  So leg ich mich zu dir du müder Tag
lieb auch die Stunden die am Bettelstab
lass mich gestalten wie es dir – beliebt
heut ist dein Tag - du müder Chauvinist.

Nun ist verloren

Nun ist es passiert, nun hab` ich verloren
Hab jene verloren die ich geboren
Nun hab` ich verloren was ich behüt`
Obwohl ich gegeben obwohl ich geliebt.

Nun ist es geschehen
Nun hab` ich verloren
Hab jene verloren
Die ich geboren
Hab zu viel gegeben
Hab zu viel geliebt
Hab mit meiner Liebe
Die Lieben erdrückt.
Nun ist es vorbei
Nun hab` ich zu lernen
Dass – auch aus Kindern
Erwachsene werden
Nun muss ich erkennen
Nun muss ich verstehn
Sie können nun laufen
Sie werden nun gehn.

Und Heute!

Was bin ich dir wert –
Heute noch!
Als ich jung war ja, da -
War ich dir ein Leben wert
Mehr noch -
Dein Leben hättest
Du für mich gegeben.
Und heute?
Ein Dutzend Eier
Ein Laib Brot oder -
Eine Flasche Billigwein vom
Supermarkt?
   (Du trinkst einen aus der Provence)
Und – Ein Röhrchen Valium -
   Ob ich die nehmen soll?

Zwei Augen

Ich ging dahin und traf zwei Augen
Zwei Augen blickt` ich hinterher
Zwei Augen paarten meine Wege
Da bat ich meine hinterher.

Nichts fand ich ehedem erzwinglich
Sprang mit den Tänzern tagewärts
Da trafen mich am stillen Wege
Zwei Augen – stechend bis ins Herz.

Ich kann`s nicht glauben – diese Blicke
Diese – Kraft die mich umworben
Dieser - Augen Wanderungen
Ich spürs – jetzt bin ich angekommen.

Wie dumm

Wie dumm und kleinlich
Ein Tag – so sinnlos – voller
Hast und Zänke
Eben ein Tag wie wir
Und wieder mal verloren
Wo jeder hört und jeder sieht
Nur du und ich -
Wir haben keine Ohren.

Du schlafend Mund

Du schlafend Mund – warst nie für mich bestimmt.
Wie schweigsam doch dein Herz und wir – verirrt -
schleichst du umher -gedankenfern und blind.
Draußen schwirren Silberfalter die Amsel singt.

Wie bist du schön vom Mondlicht sanft beschienen -
schmerzliche Sehnsucht ertrinkt im roten Wein.
Geschwängert deine Blicke du lockend voller Mund -
es glüht der Mohn die Ähren greifen - hör auf zu
schlafen roter Mund und – küsse mich gesund.

Laue Nacht

Lau ist die Nacht
Gewitterwolken stehn am Himmel.
Blitzte zucken wie Leuchtraketen über mich hinweg.
Aus allen Himmelsrichtungen kommt Fröhlichkeit.
Wie eine Geliebte streichle ich mein Glas und schau
In die Nacht voller Sterne.
Der Wind berührt mich sanft als wollte er mich
grüßen legt mir ein Blatt vor die Füße und rauscht
davon.
Am Tisch flackert ein Licht, es wärmt meine kalten
Hände und gibt meinem Verlangen Hoffnung und
Stärke. Ein paar Mücken umschwärmen die ängstliche
Flamme und lenken die Gedanken in eine andere
Richtung.
Hab` ich zu viel versäumt was nicht mehr einzuholen
ist?
            Hinter mir baut sich eine dunkle Gestalt auf.
Da lass ich eine Träne fallen und - nicke ihr zu.

Jahreswechsel

Bald geht auch dieses Jahr zu Ende
Ereignisreich und kummervoll
Ein Jahr das gab und das genommen
Das hart gemacht und liebevoll
Hab es mit nassem Aug empfangen
Von Träumereien längst entlaubt
blieb Sehnsucht übrig und Verlangen
Die Kehle trocken und verstaubt
Ein Geist so unruhig räsonierend
Grenzte so manches Hoffen ein
Zu oft ein Ja auf diesen Lippen
Auch wenn dahinter stets ein Nein
Da war ich still trat auf der Stelle
Aus Angst es könnte anders kommen
So viele Wünsche blieben offen
Die ich gern in den Arm genommen
Die Stunden liefen und die Tage
Recht nutzlos oft und schnell dahin
Man kann die Zeit nicht wiederholen
Spinnt sich leicht ein im Widersinn
Oft war ich zornig auf die Korken
Und kahlen Stellen auf der Seele
Alles vermorschen und verworren

Kam ich zu langsam von der Stelle
Der Ode zu den großen Freuden
Bin ich gezielt stets ausgewichen
Ein grauer Tag war mir viel lieber
Als Münder die vor Lachen wippten
So nehm ich Abschied von dem Jahre
Mit trocknem Aug und wink mir zu
lauf dem Neuen forsch entgegen
Es mahnt kein Finger drückt kein Schuh.

Heute bin ich

Heute bin ich dem Alter begegnet
Weißhaarig kindlich die Züge verträumt
Und mit einem Netz von Falten umsäumt
Wie viel Einsamkeit Sehnsucht und Leid
Wie viel Suchen Vergessenheit
Wie viel Trauer Entsagung und Lieben
Standen in diesem Gesicht geschrieben
Kein Eilender wollte die Zeilen mehr lesen
man schlug das Buch ihres Lebens längst zu.
Da - flog mir ein Lächeln so – flehend entgegen
und stahl mir den Gleichmut –
stahl mir meine Ruh.

Dem Heute

Dem Heute und dem Jetzt sollst du
Die Stunden geben
Den Tag bemalen wie er dir gefällt
Gedankenzügel lockern
Frohe Wörter spinnen
Auch wenn sich manchmal faule Stellen
Zwischen Minuten finden
Den Kopf entrümpeln mehr Platz für
Herz und Liebe lassen
Dann kannst du auch das morgen
Bestimmt und locker schaffen.

Die alte Bank

Nur eine Bank aus Birkenholz
verwittert und verkommen, auf dieser Bank am
Waldesrand, da hab ich Platz genommen.
Mein Kopf war schwer, gedankenvoll der Himmel
schwarz behangen, ein Schmetterling vorbeigeflogen,
wollt meine Träume fangen.
Die Sonne schickte ein paar Strahlen ließ mir die
Wangen küssen, ein kleiner zarter Regenbogen wollte
mich auch noch grüßen.
Die alte Bank am Waldesrand verwittert und
verkommen, freute sich auf meine Zeit war herzlich
ihr willkommen.
Sie zeigte mir die Hängebirke den, Haselnuss und
Frauenschuh, die hundert Jahre alte Eiche, und einen
Steinkauz noch dazu.
Der graue Himmel wurde freundlich ich sah das
schöne weite Land, die alten Bäume hört ich singen
das Leben nahm mich an der Hand.
Es grüßten mich die Gänseblümchen, die Vögel gaben
ein Konzert, der Kuckuck hat mir zugerufen, weit
seinen Schnabel aufgesperrt.

Alles was da keucht und fleuchte folgte mir wie eine Flut, ich fühlte mich wie neugeboren, war frisch und fröhlich voller Mut.

Nur eine Bank aus Birkenholz verwittert und verkommen, auf dieser Bank am Waldesrand, da hab ich Platz genommen.
Wann immer ich der Sorgen voll mich viele Fragen quälen, der alten Bank aus Birkenholz, kann alles ich erzählen.

Ich dreh mich

Ich dreh mich ewiglich im, Kreise
Die Kümmernis lässt mich nie los
Bei mir wird alles stets beweinert
Der Kopf ein Phlegmatissimo.

Gewiss – hätt ich auch gern die Liebe
Statt Trübsal hier auf meinen Schoß
Doch wenn das Eine ich mal habe
Werd` ich das Andere nicht los.

Ich habe

Ich hab`mich einfach treiben lassen
und schleich mich so durch das Gefälle
hab keinen Mut mehr noch zu wachsen
und bleib ein - Nichts – auf alle Fälle.
Denn – nichts – braucht man nicht
überwachen beim – Nichts
da bleibt auch Keiner stehn
ein – Nichts kann
keine Fehler machen und -
muss auch keine Fehler sehn.
Als Nichts – brauch ich auch nichts zu sagen am –
Nichts braucht niemand mich zu messen
als – Nichts da kann ich friedlich schlafen
denn – nichts das kann man schnell vergessen.
Und fragt man sich nach diesem Leben
denn jeder hat doch auch ein Ziel
bleibt von allem was geschehen bleibt -
von dem – nichts nicht allzu viel.
Dann sag ich - es sei nichts gewesen
es war halt nichts was wichtig war
mit nichts hat man halt angefangen
mit nichts komm man halt wieder an.

Novembermorgen

Still räuspert sich der Wald.
Lässt seine Blätter los und Nebel steigt.
Eichelhülsen tanzen vom Baum und verschwinden
beschwingt unterm Gras. Ein dürrer Ast sticht sich
nach oben. Auch er ist noch da. Scheu ein Reh mich
aus der Ferne beäugt. Ein Baum bin ich und lautlos
ordne ich mich ein. Die goldgelben Blätter der Buche
bedecken das feuchte Moos, dort wo eine einsame
Brennesselstaude vor sich hin tanzt.
Ich tanze mit.
Maiskolben liegen verstreut im abgeernteten
Stoppelfeld braun und abgenagt, nichts geht verloren.
Ein Sonnen verwöhnter Brombeerstrauch hält seine
Frucht noch immer fest, ich zerdrücke sie auf der
Zunge. Schmeckt nach Vergänglichkeit.
Meine Schuhe laufen und knirschen den Gedanken
voraus. Ich horche und fange leises Vogelgezwitscher
ein. Langsam zittert sich ein Sonnenstrahl durch die
dichte morgenliche Nebelwand.
Da klopft ein Specht und durchbricht die Stille.
  Ach! wie schön doch das Leben ist.

Du Kind

Ist schon gut mein Kind –
du bist nun erwachsen geworden
jetzt bist du an der Reihe
glaubst du ich weiß das nicht?
Aber - Mein Herz schlägt noch für dich
und sieht dich an der Nabelschnur.
Ich zieh nicht mehr daran
lass sie ganz locker baumeln
nur möcht ich deine Spur
nicht ganz verlieren.

Nimm sie doch die Schere
und schneide die Verbindung ab!
Ist das die Lösung die du suchst?
Ich bin doch gerne deine Mutter!
Schrei, schrei nur ganz laut
ich find dich schon –
wenn du mich brauchst.

Es ist so still

Es ist so still – das Feld ist abgeerntet
nun kann der Sommer gehen, wenn er will.
Viel Leben hat sich schon zurückgezogen und jeden
Tag ein – bisschen mehr weicht dies Gefühl.
Müde Blätter eingetaucht in bunte Farben
reife Eicheln trennen knisternd sich vom Baum
die Hagebutten leuchtend rot im Garten hängen ihre
braungebrannten Zweige übern Zaun.
Die letzten Wespen suchen noch nach Wärme
und besetzen frech die alte Bank
ein Mensch im Herbst sitzt nachdenklich daneben holt
sich die Zeit zurück mit dem Gedankenarm.
Verwaiste Äpfel warten in den Bäumen
begreifen nicht – wieso man sie nicht will.
Ein letztes Mal wird eine Distel durch die Erde
brechen – dann - langsam wird um uns herum der
Boden still.

Ich weine nicht

Ich weine nicht!
Nur alles ist so still - ich kann die Lieder nicht mehr
singen die mir so gram ins Auge springen.
Auch sind die Tage so weit weg wo sie noch lebten
wo die Gedanken golden auf der Zunge klebten.
   Ich weine nicht!
Auch wenn dein Lachen mir das Wort verboten
das Wort - das ich so gern aus deinem Mund gesogen.
So undurchschaubar war der Zauber um dich her
ein Labyrinth ein Herzschlüssel im Meer.
   Ich weine nicht!
doch – kann ich nicht mehr singen, seh nur den
Schaden froh auf deinen Lippen springen.
So vornehm sauber hast du mich verlassen
kein Wort der Trauer ließest du zurück.
So winterlich und kalt dein Abschiedsblicken
   Ich weine nur – damit ich nicht erstick.

Wintereinbruch

Winter du herrliche weiße Pracht
Kamst wie die Liebe fast über Nacht.
Hast viele Gaben uns beschert
Deckst manches zu was sonst gekehrt
Bringst frische Luft lässt Erde schlafen
Hast Großstadtmüll unter dir begraben
Und Kinderlachen von Fern erklingt
Das Fröhlichste was uns dein Kommen bringt.
Weiches Licht aus den Fenstern schaut
Besinnlichkeit hat sich da aufgebaut.
Und so wie die Flocken vom Himmel wehn
Die Menschen hier ihrer Wege gehen.
Sie kämpfen verlangen nach Reichtum und Gut
Sie treiben im Strome und machen sich Mut.
Streben nach Macht und Persönlichkeit
Kaum einer bemerkt die Vergänglichkeit.
Drum bring uns du Winter ein bisschen mehr Ruh
Ein bisschen mehr Zweisamkeit
Komm! setz dich dazu.

Tor

Genieße den Frühling
Den Sommer
Denk über den Herbst
Manchmal nach
Lasse den Winter
Ruhig kommen
Ein Tor - wer
Angst davor hat.

Frühlingsstürme

Frühlingsstürme stieben durchs Land
Bäume knistern unter seiner Hand
Ziehe mein Kopftuch über die Ohren
Müdes Wachstum wird neu geboren
Tanzende Punkte zwischen windigen Wolken
zwitschern und turteln schon freudig erregt
schaun auf die Wiesen und braunen Schollen
wo bald sich schon wieder Leben bewegt.
Noch trägt mir kein Mensch seine Stimme voraus
treib ich dem wachsenden Tage entgegen.
Windbuschröschen mit winzigen Köpfchen
neugierig aus dem Moose sich heben.
So nimmt er – der Frühling nun seinen Lauf –
in Kinderaugen voll blühender Blumen.
Die Stunden stehen schon früher auf
um sonnig und wohlig uns zu überfluten.

Welker Akt

Deine Befürchtung –
Dass ich zu alt –
Und du zu jung
Für mich bist –
Sind natürlich alles
Gewichtige Argumente.
Nur...
Ich kann mir meine Jahre
Nicht bemessen
Kann mich nicht häuten
Und nicht haaren
Ich bin
Und bleib -
Ein welker Akt -
Das ist ein Fakt.
      Vor allem nackt.

Kalifornischer Morgen

Als ich heute aufgewacht
Hab ich den neuen Tag gesehn
Ich sah die gelbe Sonne
Schon hoch am Himmel stehn
Gewaltig groß und mächtig
Ragt Berg und Wald hervor
Wie winzig klein und nichtig
Kam ich mir dabei vor
Ein Zwitschern und ein klopfen
Begleiten diese Stund
Ein Gott so groß und mächtig
Beweist mir seine Gunst
Den Tag soll ich genießen
Den er mir heute schenkt
Soll dankend in begrüßen
Aus seiner schönen Welt
Mein Lachen will er hören
Das Echo trägts geschwind
Hinüber zu den Bergen
Vermischt es mit dem Wind
Der streichelt sanft die Lippen
Berührt das frische Haar
Wie herrlich klar und friedlich

Liegt dieser Morgen da
Verschlafen noch die Blüten
Verbergen ihren Duft
Von fernen Gipfeln hallend
Auch schon der Kuckuck ruft
Ein letzter Regenschleier
Verwaschen auf dem Dach
Vom Baum ganz dicht am Hause
Grüßt mich ein waches Blatt
Da schließ ich kurz die Augen
Als Dank für diese Pracht
Als Dank für diese Fülle
Die mir der Tag gebracht
Schick in die weite Ferne
Noch liebend ein Gebet
Und fühle ganz beglückend
Wer hinter all dem steht.

Ich sag dir was

Wenn ich auf meiner Haut
Nur eine Stelle fänd
Die nach dir schreit
Vergessen streut ich
über all die Wunden
Die so aus Gram
Sich tausendmal geschält.

Oh meine Sonne

Wenn dein Atem mich berührt
Verglühe ich
Und die Sterne in der Nacht
Sie tragen alle
dein Gesicht
Deine Arme mein Geliebter
Reichen bis zum Mond und
bringen mir den Himmel nah
Oh meine Sonne
Mich friert!
unser Mond
hat keine Sterne mehr
Er weint!
Und tropft mir
seine Tränen ins Gesicht.

Wie oft

Wie oft, wenn ich nicht schlafen kann
Spür ich den Hauch vom kalten Wind
In dieser ahnungsvollen Stille am
Ziel der Tod bekommen die Gedanken
Angst und jagen nach dem Kinde.
Meine Geschwister die Gestirne schicken mir den
Sternenstaub.
Ich lach das Lachen alter Weiber
verzweifelt gähnend bös und laut.
So lieg ich wach und küsse tausend Münder
Stirb tausend Tode lieg aufgebahrt
Der Regen klopft ans Fenster wie Standarten
Mich friert und meine Glieder werden starr
Gedankenschlachten so bis zum Morgengrauen
Vernetzte Ängste die Bibel in der Hand
Verscheuche ich die finsteren Tyrannen
Und fang den Neuen, fröhlich wieder an.

Ende

Inhalt